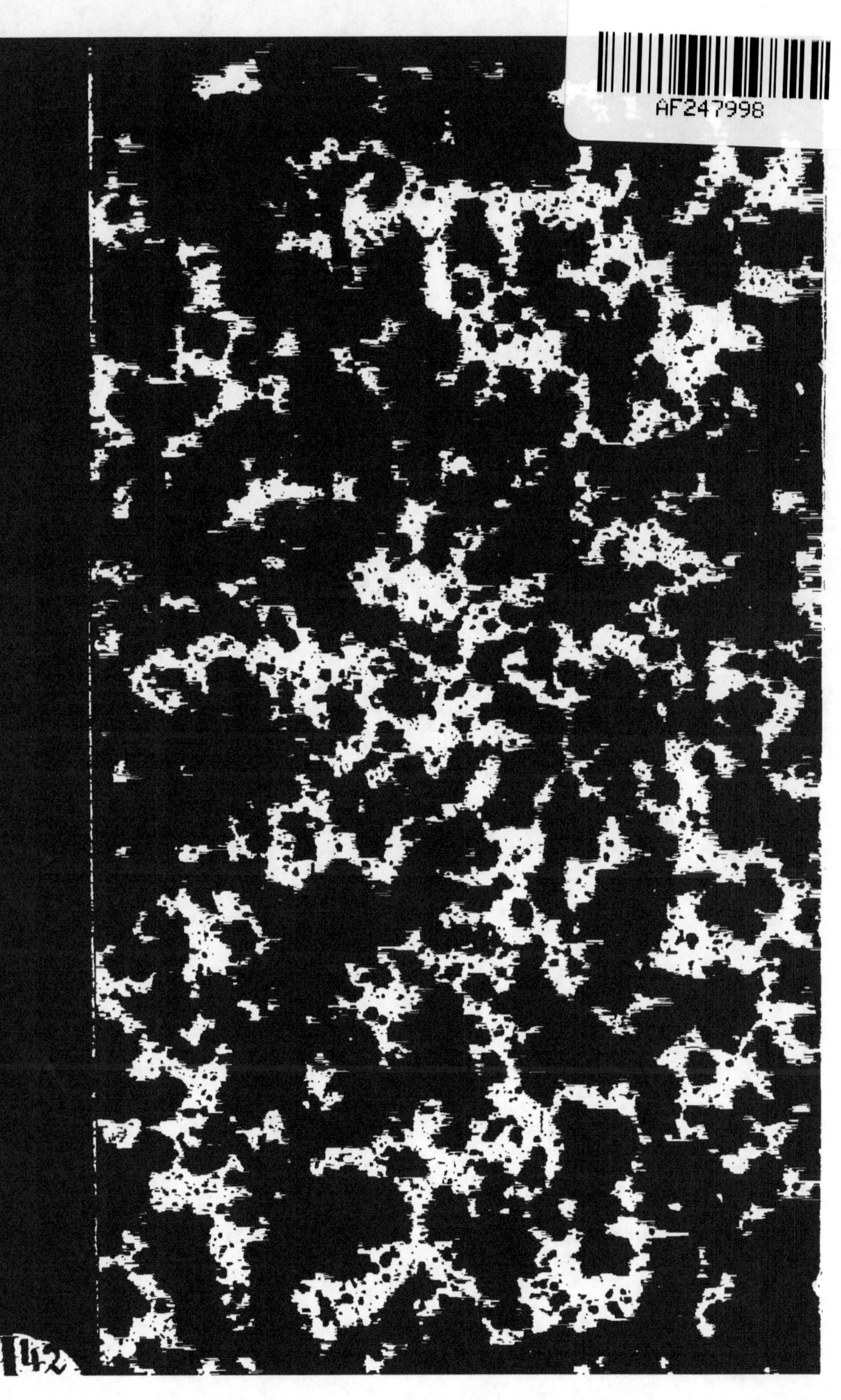

QUELQUES EXPLICATIONS

SUR LA

RÉPUBLIQUE CISALPINE;

PAR C. J. TROUVÉ.

I

A u milieu du débordement d'inculpations, de
calomnies et d'invectives, qui poursuit les membres
sortis du directoire exécutif et les agens employés
par eux ; au milieu de cette lutte de passions, de
haines et de vengeances, j'avais d'abord résolu de
remettre à des tems moins orageux des explications
que l'esprit de parti sans doute aura peine à écouter ;
je voulais ne parler de justification que devant des
juges qui ne condamnent point avant d'entendre,
et jusques-là garder le plus profond silence, tran-
quillisé par la conscience d'avoir fait mon devoir,
en paix avec mon propre cœur ; et, dédommagé
des clameurs de l'injustice ou de la prévention, par
l'estime des gens de bien qui me connaissent. Mais
une pensée plus généreuse me force à prendre la
plume : chargé d'une mission importante et délicate,
par des hommes qu'on recherche aujourd'hui avec
tant de rigueur, après qu'on les a encensés avec tant
de bassesse, je dois rendre à leurs intentions , que
j'ai cru démêler, le témoignage qu'elles méritent de
ma part. C'est pour l'Italie, c'est pour la Cisalpine
qu'on les accuse ; je fus l'instrument de l'opération
qu'on leur reproche ; c'est à moi d'en développer
les motifs, et d'éclairer l'opinion qu'on égare sur les

A

moyens mis en œuvre pour son exécution. Je dirai avec bonne foi , avec simplicité , ce que j'ai vu , ce que j'ai fait ; je ne me mentirai point à moi-même pour me concilier des suffrages : trop heureux si je puis , au moins dans cette partie d'un grand procès , faire succéder le calme de la raison , et l'impartialité à l'animosité des réactions.

Lorsqu'à la fin de floréal de l'an 6 , j'arrivai à Milan comme ambassadeur de la république française , je ne pouvais prévoir que ma mission aurait un autre but que d'entretenir des relations diplomatiques entre deux puissances amies et alliées. Jusqu'au 20 prairial , jour de ma présentation au directoire cisalpin , je n'avais pas écrit une seule fois au directoire français , et ma correspondance avec le ministre des relations extérieures n'était pas encore bien active , parce que mon premier soin devait être de m'instruire avec exactitude de la position véritable dans laquelle se trouvait la république cisalpine ; des élémens de troubles et de désordres la menaçaient déjà de toutes parts. Tant que le général qui l'avoit créée était resté auprès d'elle , sa présence , la force de son génie , l'éclat de sa gloire , l'influence qu'il s'était réservée , avaient comprimé la fermentation. Mais aussi-tôt après son départ , les représentans et les magistrats de la nouvelle république avaient marqué , par des fautes , les premiers momens de leur émancipation. Le corps législatif s'était empressé d'abroger plusieurs lois que les circonstances rendaient absolument nécessaires ; des mains inhabiles et tremblantes tenaient les rênes du gouvernement dont , soit mauvaise volonté , soit insouciance ou incrédulté politique, des hommes plus capables avaient refusé de se charger ; des nobles ulcérés par le regret, non pas d'avoir perdu des priviléges, mais des titres qui flattaient leur vanité, craignant de voir encore s'évanouir les plaisirs de leur paresse, ne pouvant se faire à l'idée d'une république dans un pays qui ne s'était presque jamais appartenu à lui-même ; des prêtres possédant en Italie mieux qu'ailleurs l'art d'émouvoir le Peuple et d'ébranler ses passions, forts de l'empire que lui donnait sa superstitieuse ignorance, furieux de voir sapper par la philosophie les préjugés sur lesquels se fondaient leur trône et leurs richesses, aigris d'ailleurs par la persécution imprudente qui commençait à s'élever contr'eux ; des citoyens sans patrie, devenus cisalpins par adoption, n'ayant rien à perdre dans des convulsions populaires, et pouvant tout gagner, emplois, fortune, domination ; les uns exaltés de bonne foi par un sentiment d'égalité absolue, par l'idée d'un nivellement général ; les autres trop fins pour croire à ces chimeres, mais sachant s'en faire un masque pour couvrir les manœuvres perfides dont ils étaient les agens ; enfin, au milieu de ces factions opposées, une multitude aveugle, sans énergie, sans activité, également dupe de son fanatisme pour les nobles, pour les prêtres, pour les fauteurs de la démagogie ; tels étaient les différens partis dont les intérêts contraires agitaient la Cisalpine.

La discussion du traité d'alliance entre les deux républiques avait encore été une source de discorde. Aux opinions qui s'étaient élevées pour combattre ou pour défendre ce traité, il s'en était joint une autre , celle des hommes qui voulaient profiter de cette occasion pour que la puissance militaire fût replacée dans ses limites ; que les généraux français ne pussent rivaliser d'autorité avec le gouvernement cisalpin , ni s'immiscer dans les détails de l'administration intérieure ; que les français en général fussent tenus de se conformer aux lois du pays dans leurs relations avec les habitans ; que les commandans de places , renfermés dans les attributions purement militaires , ne pussent désormais envahir la police civile , et exercer , sous prétexte d'une surveillance étrangere à leurs fonctions , des vexations sans nombre et une foule de prévarications indignes d'hommes d'honneur et d'officiers républicains.

On peut augurer d'après cet apperçu , tous les obstacles qui devaient traverser le premier agent civil qui paraissait dans ce pays. Aussi tous ceux qui redouterent son influence chercherent-ils dès son arrivée à semer la mésintelligence entre lui et le général Brune qui commandait l'armée d'Italie. Les premieres difficultés vinrent de la part des français , parce que les premieres plaintes furent portées par les autorités cisalpines.

Mais tandis que le despotisme des états-majors cherchait de jour en jour à s'affermir ; que la plupart des administrations militaires décourageaient , par des malversations et des brigandages effrénés , un peuple auquel il aurait fallu faire aimer la liberté , et non la lui rendre plus pénible que la servitude même ; tandis que d'un autre côté le corps législatif suivant un systême d'intolérance et de persécution indiscret pour le présent , dangereux pour l'avenir , introduisait des mesures dignes de 1793 , en établissant des commissions de haute police , qui n'étaient que de véritables tribunaux révolutionnaires ; que le directoire exécutif , harcelé sans cesse par de petites usurpations de son autorité , donnait à chaque instant prise contre lui par d'autres usurpations , ou par des démarches incertaines, ou par des démarches inconvenantes , ou par des messages ridicules et imprudens ; tandis, enfin, que par tant de fautes et de torts réciproques, l'animosité croissait et allait ajouter le scandale aux dissentions , le gouvernement français s'était occupé des remedes à appliquer à tous ces maux.

C'est dans ces entrefaites qu'il m'adressa des instructions , datées du 15 prairial ; elles avaient été apportées au général en chef par un courier extraordinaire. Ces instructions, je ne les avais ni provoquées , ni suggérées, ni même imaginées ; elles me furent remises le 20 prairial , quelques heures après ma présentation ; si je ne les avais pas ignorées , me serais-je exposé à la contradiction qui allait naître nécessairement entre l'opération dont elles me chargeaient, et la cérémonie qui venait de faire un si grand éclat ?

Si je n'avais à répondre qu'au gouvernement , je pourrais me borner à rappeler ces instructions ; mais je parle en même tems à mes concitoyens qui ne les connaissent pas , et qui ont dû naturellement laisser influencer leur opinion par toutes les faussetés qu'on a répandues à ce sujet. Il faut donc que j'en donne ici une courte analyse.

Le directoire exécutif commençait par annoncer « qu'en jettant les yeux sur la Cisalpine , il y avait

[6]

» vu des corps administratifs infiniment trop multi-
» pliés, une distribution de territoire ruineuse et
» mal entendue ; un état militaire nul et excessi-
» vement coûteux, des finances dans un délabre-
» ment effrayant, et avec cela une inactivité et une
» apathie inconcevables de la part de tous ceux
» qui étaient à la tête des affaires : persuadé qu'un
» tel ordre de choses était aussi funeste à la liberté
» et au bonheur de la république cisalpine qu'à
» l'intérêt de la république française, il avait cru
» devoir prendre un parti définitif pour le faire
» cesser, et asseoir promptement dans ce pays les
» basés d'une prospérité solide : en conséquence
» il chargeait l'ambassadeur de la république de
» s'occuper sans délai des objets suivans :
« Préparer tous les changemens nécessaires pour
» améliorer la constitution de la Cisalpine, ou
» pour mieux dire, lui substituer la consitution
» romaine, comme ayant plus d'énergie, plus
» d'ensemble, et devant être plus durable, toutes
» circonstances égales d'ailleurs.
» Annuller la loi impolitique qui portait que
» nul citoyen cisalpin, possédant des propriétés
» hors du territoire de la république, ne pourrait
» être membre du directoire ni ministre, parce
» qu'il en résultait, sur-tout pour les habitans de
» la ci-devant Lombardie, une exclusion qui n'était
» propre qu'à les éloigner de leur gouverne-
» ment » (1)

---

(1) En effet, la plus grande partie des propriétaires
de la Lombardie possédent des biens hors du territoire de ce pays.

» Faire une nouvelle division du territoire de
» maniere à réduire à dix, même moins, s'il était
» possible, à douze au plus le nombre des dé-
» partemens, lequel était de vingt. Réduire égale-
» ment les cantons au nombre strictement néces-
» saire dans chaque département. Cette double
» opération devait diminuer de beaucoup les dé-
» penses publiques, puisque d'une part les admi-
» nistrateurs centraux ne seraient plus qu'au nombre
» de trois par l'établissement de la constitution
» romaine, et que de l'autre les administrations
» pourraient être réduites à peu près de moitié. »
» Dresser le tableau des besoins ordinaires et
» extraordinaires de cette république, examiner
» attentivement ses ressources; rédiger un plan
» complet de finances pour satisfaire à ses besoins. »
» Le général en chef devait préparer de son côté
» tout ce qui pouvait concerner le militaire, et
» il avait déjà eu sur cet objet les instructions
» du ministre de la guerre. »
» Enfin, le directoire chargeait l'ambassadeur de
» préparer un ensemble d'institutions capables d'af-
» fermir la liberté, la prospérité et le repos de la
» Cisalpine. Il l'autorisait à consulter les personnes
» du pays dont on pouvait attendre bonne volonté,
» connaissances et discrétion. »
» Il pensait que toute cette opération pouvait
» être exécutée par le corps législatif lui-même,
» en fesant entendre à ses membres les plus influens
» qu'il valait mieux qu'ils en eussent l'honneur
» que de le laisser à d'autres. »
Je le demande à tout homme de bonne-foi, y

a-t-il dans ces instructions un projet de conspiration, d'oppression, d'avilissement contre nos alliés ? La Cisalpine, née des victoires de la république, tenait d'elle une première constitution. Mais cette constitution, applicable à l'étendue, à la population, à la force de la France, ne devenait-elle pas trop gigantesque pour un état de trois millions d'habitans ? Avait-elle été consacrée par les choix du peuple ? Bonaparte n'avait-il pas fait toutes les nominations ? Avait-elle empêché l'exclusion donnée par son successeur à deux membres du directoire, et à plusieurs députés à la législature, par suite de la discussion du traité d'alliance ? Un général ne venait-il pas de porter une loi de peine de mort contre les individus qu'on trouverait armés de stilets et de couteaux à gaîne, loi bonne en elle-même sans doute, loi nécessaire pour protéger nos soldats contre la lâcheté des assassins, mais que la législature aurait dû rendre, au lieu qu'elle n'en apprit l'existence qu'en la voyant placardée sur les murs de la ville de Milan ? Le directoire français ne pouvait-il donc, sans trahison, sans perfidie, songer à l'amélioration du pacte social qui devait régir un pays dont la sûreté n'était pas plus importante pour lui-même que pour la république française, tant que des négociations heureusement, solidement terminées n'auraient pas fermé le temple de la guerre ? Si l'intention d'ajouter à cette constitution ce que nos magistrats regardaient comme une amélioration devait être réputée pour un crime, pourquoi personne ne s'éleva-t-il contre eux, lorsqu'ils porterent aux romains la constitution où se trouvent tous les

.changemens qu'ils crurent nécessaire d'étendre à la Cisalpine ? S'ils sont coupables d'avoir modifié pour elle le code de la république française, que devient donc ce principe d'éternelle vérité, qu'il faut établir chez un peuple, non pas les lois les meilleures en elles-mêmes, mais celles qui sont les meilleures pour lui ? Il ne faut donc plus avoir égard à la différence des climats, des mœurs, des habitudes et même des préjugés ? Au reste, je puis affirmer avec vérité que tous les hommes raisonnables de tous les partis desiraient une réforme qui donnât plus d'assiette et de régularité à la machine politique, qui prévînt les secousses et les déchiremens, qui empêchât le monstre de l'anarchie d'ensanglanter cette république, qui facilitât ses moyens d'administration en mettant plus d'équilibre entre ses dépenses et ses ressources : et tous sentaient que ce bienfait ne pouvait leur être accordé que par la France.

Sans doute, la mission qui m'était confiée était au-dessus de mes forces; elle me frappa d'étonnement, elle m'effraya sans décourager mon zele. J'y voyais la possibilité de contribuer au bonheur d'un peuple, d'augmenter la gloire de mon pays, et d'honorer le directoire exécutif en faisant succéder pour lui l'amour à l'admiration. Il ne fallait pas moins qu'un dévouement bien sincere et l'intime conviction de la nécessité de ces changemens pour me faire braver et les contrariétés que j'allais rencontrer à chaque pas sur ma route, et les dangers auxquels je m'exposais pour l'avenir; car cette opération, quel qu'en fût le succès, ne pouvait manquer de froisser des intérêts particuliers ; et j'avais appris, dans le cours de la révolution, combien, tôt ou tard, il s'offre de chances aux ressentimens de l'amour-propre et aux vengeances des passions. Mes pressentimens ne m'ont point trompé; cependant je ne me repentirai jamais d'avoir fait dans cette occasion le sacrifice de ma tranquillité personnelle.

Avant de rien entreprendre, j'allai, dès le 21 prairial, à sept heures du matin, chez le général Brune, et je lui fis la lecture de mes instructions. Cette démarche avait pour but d'entretenir entre l'autorité civile et le pouvoir militaire la meilleure intelligence possible, afin de faire tourner cet accord vers la réussite de l'opération. Le général me dit qu'il aurait peut-être mieux valu que le directoire exécutif eût manifesté ses vues avant l'échange des ratifications du traité d'alliance, mais que, puisque telles étaient ses intentions, il serait prêt à me seconder de tous ses moyens aussitôt que le travail serait achevé.

Le cit. Faypoult, alors commissaire civil à Rome, avait été appelé à Milan pour la partie des finances. En attendant son arrivée, nous nous occupâmes, le secrétaire d'ambassade et moi, des modifications constitutionnelles. Une lutte élevée à cette époque même entre le corps législatif et le directoire cisalpin, nous fournit l'occasion de méditer sur la manière de prévenir ou d'arrêter de pareils désordres, en faisant l'essai de l'idée du citoyen Syeyes sur le jury constitutionnaire. Si nous y renonçâmes, c'est qu'elle parut au directoire français avoir besoin d'un examen plus approfondi.

La constitution était rédigée ; d'après l'autorisation contenue dans les instructions, quelques hommes du pays furent invités à se rendre à la légation pour nous aider de leurs lumières sur les localités. C'étaient les citoyens *Sopransi*, ex-ministre de la police et nommé à l'ambassade près la république helvétique ; *Alberghetti*, *Montalti*, *Martinelli*, membres du corps législatif ; *Villa*, juge au tribunal de cassation ; *Aldini* et *Becalossi* : ces deux derniers avaient été exclus du conseil des anciens à l'occasion du traité d'alliance. Je ne connaissais que le citoyen *Sopransi* ; lui, *Montalti* et *Alberghetti* avaient eu jusqu'alors, même parmi ceux qui les accusent aujourd'hui, la réputation de républicains prononcés, irréprochables. Les autres nous avaient été indiqués comme les personnages les plus distingués par leurs connaissances, leurs talens et leur probité. On les a traités depuis d'aristocrates, d'autrichiens ; et *Sopransi* et *Alberghetti*, ces prétendus partisans de l'Autriche, sont venus chercher un asyle en France. Quant à *Becalossi* et *Aldini*, je ne sais si, dans la discussion du traité d'alliance, ils furent plus coupables que les autres exclus dont mes accusateurs exaltent le patriotisme ; mais ce sont eux et *Villa* qui firent sur notre travail les observations les plus judicieuses et en même-tems les plus favorables à la liberté, à l'indépendance et à la prospérité de leur PATRIE.

C'est alors que commença, dans quelques journaux et dans le cercle constitutionnel, cette opposition qui devint même inquiétante pour la tranquillité publique. Dénonciations, imprécations, sermens, tout fut prodigué ; cette tempête n'était pourtant l'ouvrage que de deux ou trois individus, dont un avait figuré en France dans les horreurs du régime révolutionnaire, après avoir été poursuivi dans son pays comme prévenu d'un vol considérable ; puis de quelques têtes exagérées, au nombre desquelles se trouvaient plusieurs députés vénitiens ; enfin, d'une multitude d'étrangers, piémontais, toscans, lucquois et napolitains, dont très-peu offraient à la cause qu'ils prétendaient défendre la garantie d'une bonne moralité. Le corps législatif, qui nagueres criait contre l'incapacité et la malveillance des directeurs, était devenu leur défenseur et leur apologiste ; le directoire qui, peu de jours auparavant, réclamait l'intervention de l'ambassadeur, pour se soustraire à la défiance des conseils et à l'humiliante formalité de tirer au sort dans une de leurs salles, venait de s'environner de ceux même des législateurs qui, tout-à-l'heure, ne parlaient que de le renverser ; enfin les coryphées du parti exclusivement patriote, ces coryphées qui, à l'arrivée de l'ambassadeur, tonnaient auprès de lui contre le joug militaire, et appelaient à grands cris une réforme pour se mettre dans l'indépendance de ce pouvoir qu'ils nommaient usurpateur, l'encensaient maintenant et l'excitaient aux mesures les plus violentes ; dans le cercle constitutionnel, au grand-conseil, où la majorité était comprimée, étouffée par les vociférations du petit nombre ; on ne parlait que de conspiration, d'arrestations, de mise hors la loi.

Il était instant de prévenir l'orage avant qu'il éclatât. J'allai, mes instructions et mon travail à la main, trouver le général en chef. J'étais accompagné

du citoyen Faypoult, auquel il avait encore la sur-
veille, déclaré qu'il n'attendait que l'invitation de
l'ambassadeur, pour seconder les vues du directoire exécutif. Ce jour-là, ses dispositions étaient
changées. Lorsque nous lui parlâmes de la fermentation des esprits, il répondit que c'était la fermentation des émigrés, des autrichiens, la fermentation
de la guerre que nous allions avoir. Il nous montra
une lettre du citoyen Schérer, par laquelle ce
ministre lui annonçait que les circonstances exigeaient
que les troupes cisalpines fussent mises sur le pied
de guerre; il ajouta qu'il ne croyait pas le moment
favorable, sur-tout pour opérer des réductions dans
le corps législatif et dans les départemens, parce
que ces réductions feraient des mécontens, et qu'il
n'y avait, selon lui, que les hommes employés qui
fussent attachés à la chose publique : c'était juger
d'une maniere assez rigoureuse le désintéressement
de tous ces grands patriotes.

Je quittai le général pour aller réfléchir de nouveau
sur les objections qu'il avait faites. Le résultat fut
de lui écrire qu'en méditant ses observations, j'avais
consulté aussi les instructions du directoire exécutif;
qu'elles m'ordonnaient d'agir avec force et prudence,
et en même-tems avec célérité; que n'ayant reçu
aucun ordre contraire, je croirais trahir mes devoirs
et la confiance du gouvernement, si je différais
l'accomplissement de ses vues, sans les motifs les
plus puissans et les considérations les plus évidentes;
qu'il était donc indispensable que j'apprisse de lui,
d'une maniere précise, s'il y avait un danger réel
à faire en ce moment des changemens politiques

dans la Cisalpine, et quelle était la nature de ces dangers.

Le lendemain, 2 thermidor, ne recevant point de réponse à ma lettre, j'en écrivis une seconde au général ; je l'invitai, au nom de la république, à prendre toutes les dispositions soit militaires, soit de police, pour assurer la tranquillité publique. Je finissais par lui déclarer que je me chargeais, auprès du directoire de toute la responsabilité qui, en cas de refus, peserait sur lui seul, s'il arrivait des événemens fâcheux.

J'avais prévu ce refus du général ; et le citoyen David, secrétaire d'ambassade, était chargé de lui dire qu'il allait partir, afin de soumettre l'affaire au directoire exécutif et d'obtenir sa détermination.

Le directoire cisalpin avait, le même jour, dépêché à Paris le général Lahoz, en qualité d'envoyé extraordinaire.

Le 3 thermidor, j'expédiai le secrétaire d'ambassade avec le projet de constitution. J'instruisis le directoire des obstacles qui m'avaient arrêté ; je le priai de voir s'il ne valait pas mieux montrer clairement son influence, et de me renvoyer en ce cas le projet de constitution signé de lui, en m'autorisant à requérir le général en chef pour en faire la promulgation. Cette conduite me paraissait la plus loyale et désormais la plus sage, parce que les membres influens du grand-conseil avaient fait éclater trop de résistance et d'emportement pour qu'il fût aisé ou même possible de les amener à faire les changemens après lesquels soupiraient tous les bons citoyens de la Cisalpine.

Le général Brune partit de son côté, le 4, pour se rendre également à Paris.

Le directoire exécutif ne voulut point recevoir le général Lahoz, et lui fit donner l'ordre de quitter le territoire de la république. Le général Brune et le citoyen David furent entendus d'abord séparément, puis ensemble avec l'ambassadeur de la Cisalpine, le citoyen Serbelloni. Les raisons du premier ne parurent pas un motif suffisant pour empêcher le gouvernement de s'en tenir au plan dont il avait chargé son ambassadeur ; la crainte de la guerre avec l'Autriche sembla au contraire une nécessité de plus de donner à la Cisalpine une meilleure organisation sociale. Ce projet de constitution fut lu et approuvé ; il fut décidé que la réforme serait faite, que les moyens de l'exécuter seraient concertés entre le général et l'ambassadeur. Le général annonça qu'il ne s'éleverait aucune difficulté. Parmi les principales déterminations furent la clôture des cercles, l'inspection des journaux par le gouvernement cisalpin, la fixation des départemens à onze ; la réduction des députés à 120, et l'indemnité continuée pendant une année à ceux qui se trouvaient compris dans la réduction. On maintint au directoire le cit. *Adelasio*, par respect pour la première élection constitutionnelle, sur laquelle il est bon d'observer que l'ambassadeur n'avait eu aucune espèce d'influence. Les citoyens *Alessandri* et *Lamberti* furent également conservés. Il ne fut donc proposé que deux membres nouveaux, les citoyens *Luosi* et *Sopransi*, tous les deux honorés de l'estime et de la confiance publique ; le premier se trouvait alors ministre de la

justice., homme d'un caractere doux et conciliant ,
d'un esprit cultivé , plein de patriotisme et d'attachement pour les français.

Puisqu'après l'opposition manifestée par le général
Brune, le directoire exécutif lui enjoignait d'exécuter, de concert avec l'ambassadeur , l'opération
projettée , il fallait qu'il fût bien sûr de son zele :
puisque, malgré sa répugnance premiere, ce général
avouait qu'il n'y aurait point d'obstacles , et promettait de se conformer aux ordres du directoire,
il fallait qu'il fût bien résolu de tenir fidellement
sa parole.

Selon lui - même , il y avait dans la Cisalpine
deux partis à craindre , celui de l'Autriche , dont
les vœux redemandaient le gouvernement archi-
ducal , et celui des unitaires , c'est-à-dire celui de
ces têtes exaltées qui , pour parvenir à républicaniser
tout-à-coup l'Italie entiere , ne tendaient qu'à désor-
ganiser les états voisins , à les pousser au désespoir,
à nous en faire des ennemis , à rompre l'équilibre
de l'Europe si péniblement rétabli à Campo-Formio,
et que l'on avait tant de peine à fixer à Rastadt.
Or , ces derniers n'étaient-ils pas les partisans les
plus officieux de l'empereur ? Ne compromettaient-
ils pas évidemment l'existence de la Cisalpine ? Que
dis-je ? si je ne m'étais pas interdit toute récrimi-
nation , ne serait-ce pas eux que je pourrais accuser
de nous avoir redonné la guerre et peut-être fait
perdre l'Italie ?

Le général Brune revint à Milan : ce même parti
des unitaires ou des désorganisateurs qui , pendant
son absence , avait redoublé d'audace , alla en
triomphe

triomphe au-devant de lui. Nous nous revîmes avec plus de froideur que n'en fesait augurer de sa part l'éloge qu'il avait fait de moi devant le directoire. Cette froideur ne me parut pas d'un plus heureux présage que la transaction qui s'était conclue à Paris.

J'eus, le 7 fructidor, avec le général en chef, une conférence à laquelle assistait le cit. Faypoult. Il fut convenu que, dans trois jours, les cercles constitutionnels seraient fermés dans toute la république ; que les membres qui devaient composer les nouveaux conseils seraient convoqués chez l'ambassadeur, où se trouverait le général en chef ; que là ils seraient instruits des intentions de la république française relatives à la réforme , et seraient invités à exécuter eux-mêmes le plan qui leur serait remis. Nous arrêtâmes , dans cette conférence , les listes des membres du corps législatif. Déjà , pour parvenir aux meilleurs choix possibles dans les conseils , j'avais demandé à plusieurs personnes des listes de 120 membres pris parmi ceux qui en formaient la composition actuelle. Nous avions, le citoyen Faypoult et moi, discuté tous ces noms , d'après les renseignemens que nous avions puisés aux sources les plus pures. Nous n'avions aucun intérêt à favoriser tel membre plutôt que tel autre ; nous ne consultâmes que la probité , les lumières, l'attachement aux principes de la liberté , et l'affection pour la république française. De plus , afin de ne point mécontenter le parti exagéré , nous conservâmes plusieurs antagonistes de la réforme. Nous eûmes même la condescendance d'en choisir quel-

B

ques-uns , d'après une lettre que me remit le général
en chef , et sur laquelle on avait noté , comme
des scélérats et des conspirateurs , les députés les
plus connus pour des républicains sinceres , uni-
quement et en propres termes , parce qu'ils avaient
fréquenté la maison de l'ambassadeur.

Enfin , par une lettre signée du général en chef et
de moi , la convocation se fit le 13 fructidor à neuf
heures du soir. Nous développâmes les vues et les
motifs du directoire français. Après quelques heures
de discussion , tout était à peu-près convenu ; le
général Brune lui-même avait appuyé sur la nécessité d'agir promptement. On procede à un appel
nominal. Une grande majorité vote pour les changemens. Il s'éleve ensuite des difficultés sur les
moyens d'exécution. Des membres reviennent contre
leur suffrage ; l'un de ces opposans que nous avions
appelés par amour pour la paix , par modération ,
par déférence , Polfranceschi , ex-vénitien , demande
une convention ; et cette demande trouve des partisans.

Je savais depuis long-tems que c'était-là le projet
des ennemis de la réforme. Ils voulaient une convention pour réunir tous les pouvoirs ; je m'élevai
avec force contre une pareille idée. Nous avions
tenté tous les moyens de conciliation ; il était im-
possible de reculer. Consulter de nouveau le directoire exécutif, c'eût été le compromettre par une
faiblesse inutile , sans atteindre le but qu'il s'était
proposé. Je demandai donc aux députés si , en me
chargeant de tout , ils accepteraient la nouvelle constitution ; presque tous y consentirent , parce qu'ils

ne voyaient que la république française qui pût les délier de leur serment. On fit un second appel nominal; tous les membres du conseil des anciens furent pour l'affirmative; parmi ceux du conseil des jeunes, il se trouva une vingtaine d'opposans. L'opération devant se faire dans la journée, nous nous séparâmes à 5 heures du matin.

Le général avait donné des ordres pour que les salles des deux conseils fussent gardées par les troupes françaises; on n'y admit que les membres qui avaient des lettres signées de lui et de l'ambassadeur. J'écrivis au corps législatif, à midi; je lui envoyai la constitution avec les lois organiques; tout fut reçu avec transport dans l'un et l'autre conseil. Il n'y eut ni arrestation, ni persécution; la tranquillité publique ne fut pas troublée un seul instant.

Je ne me suis jamais dissimulé que je n'exerçais pas là des fonctions diplomatiques. Mais j'avais trouvé les vues du directoire justes, salutaires, indispensables; ne devais-je pas employer, pour leur succès, tous les moyens possibles? Pouvais-je, après avoir senti la nécessité d'une opération, mettre mes idées à la place de la volonté du gouvernement? Où en serions-nous si les fonctionnaires subordonnés refusaient, pour des considérations personnelles, d'obéir aux ordres de l'autorité suprême? Cette autorité peut les punir, sans doute, mais l'effet de la désobéissance ne s'efface pas en un moment; rien ne fait perdre à un gouvernement quelconque, le respect et la confiance des autres nations, comme cette indépendance qu'affectent quelquefois ses agens. — Vous deviez donner votre démission. — C'eût été un acte prudent de ma part, mais la prudence n'est pas toujours du courage et du dévoûment ; je me dévouais pour accomplir des intentions que je croyais, que je crois encore bienfesantes autant qu'elles étaient nécessaires. — Comment justifierez-vous les moyens que vous avez employés ? — Il se peut que je n'aie pas eu le talent et la sagacité de me servir des meilleurs ; mais si pourtant il ne s'en trouvait point qui n'eussent des inconvéniens, pourquoi me le reprocher à moi seul aujourd'hui ? Le général en chef n'était-il pas chargé ainsi que moi, de l'exécution des ordres du directoire ? N'avait-il pas promis de la seconder de tout son pouvoir ? n'avait-il pas déclaré qu'il n'y aurait aucune difficulté ? Ne nous étions-nous pas concertés ensemble ? Les lettres de convocation n'étaient-elles pas signées de lui aussi bien que de l'ambassadeur ? N'assistait-il pas à l'assemblée ? Ne fit-il pas sentir le besoin de la célérité ? n'est-ce pas lui qui fit environner les salles des deux conseils ? veut-on le regarder comme un instrument passif de l'agent civil ? — Mais la constitution, c'est vous seul qui l'avez signée. Quelle est cette formule insolente, *arrêté par moi, etc. ?* — Cette formule ne me plaît pas plus qu'à vous ; s'il en était une plus décente, j'aurais tort de ne l'avoir pas choisie. Mais la signature au bas de l'acte constitutionnel, pouvais-je m'en dispenser ? Le général refusa la sienne ; les conseils ne voulaient rien prendre sur eux, ils voulaient tout recevoir, tout accepter, tout devoir à la France. Ne fallait-il pas qu'une voix fût en ce cas, l'organe du directoire ? Ces lois pouvaient-elles tomber des nues au milieu des deux

conseils ? N'était-ce pas une nécessité pour l'ambassadeur de les adresser , par conséquent de les signer ?
Comme en ramenant les faits à leur simplicité , on
voit s'écrouler tout cet échafaudage de calomnies
déclamatoires , et cette dissolution d'un état ,
prononcée , cette constitution réformée , ce traité
d'alliance déchiré , selon *mon bon plaisir* , et ces édits
proclamés à coups de sabre , ces représentans du
peuple proscrits , ces patriotes désarmés , et cette
autre allégation mensongere d'une liste de 200 républicains , pour les faire enfermer dans les châteaux ,
et de 17 pour les déporter en Corse.

Et voilà comme on se joue de la crédulité des
hommes ! et ce sont des législateurs qui se font les
échos de ces absurdités ; qui , sur des cris , parlent
d'échafauds à la tribune nationale ! est-ce ma lettre
aux deux conseils cisalpins que l'on nomme un
édit ? eh bien ! cette lettre a eu assez de publicité
pour qu'il ne soit pas permis d'en tordre le sens et les
expressions , afin d'y chercher des crimes : qu'on la
relise , on y verra la peinture trop vraie des désordres
de cette république , le développement de toutes les
raisons qui fesaient une loi d'y remédier , et d'y
remédier promptement; l'explication des motifs qui
avaient présidé au changement de plusieurs articles
de la constitution; on y verra que le nouveau code
assurait à la république cisalpine des proportions plus
justes, une distribution de pouvoir plus vigoureuse
et plus stable; qu'en ramenant l'administration aux
principes de l'économie , elle promettait aux citoyens
un soulagement dans leur part du fardeau des impo-
sitions ; que des élections moins rapprochées avaient

l'avantage de laisser dans les fonctions publiques, des hommes plus expérimentés, et d'arracher moins souvent un peuple agricole à ses travaux. Etait-ce là une satyre des lois de la république française ? je dis plus, la premiere constitution de la cisalpine n'était point, comme on le croit, absolument semblable à la nôtre ; et la réforme les rapprocha à plusieurs égards. Quant à la réduction du corps législatif, il est encore vrai de dire que le peuple cisalpin se trouva, même alors, proportionnellement plus représenté que le peuple français. Je n'ai qu'un mot à répondre aux inculpations qu'on a faites contre les membres des conseils ; c'est que je n'en avais point introduit de nouveaux, et qu'ils avaient tous été nommés par Bonaparte. Cette premiere nomination du fondateur de la Cisalpine, et les suffrages donnés à la composition actuelle par tous les hommes de bien, par tous les amis de la république et de la liberté, doivent au moins, ce me semble, contre-balancer les accusations intéressées des mécontens ; enfin les deux lois qui mettaient les clubs et les écrits périodiques sous la surveillance du directoire exécutif, ne fesaient que rappeler celles que Bonaparte avait rendues sur le même objet, et que le corps législatif avait rapportées aussitôt après son départ. Lequel aura donc plus de poids au tribunal de la raison et de la vérité, ou du sentiment de ce grand homme, ou de l'opinion de ceux qui avaient déjà presque tous perdu sa confiance ?

La modération avec laquelle cette réforme s'était opérée, ne tarda pas à rendre aux opposans leur audace et leur insolence. Je me rendis une ou deux fois auprès du directoire cisalpin pour l'exhorter à tenir d'une main ferme les rênes du gouvernement, à expulser du territoire de la république les étrangers, qui, violant sans cesse l'hospitalité qu'elle leur accordait, se déchaînaient contre ses législateurs et ses magistrats. Je l'engageai en même tems à se conduire avec prudence en tout ce qui concernait le culte, et à ménager les préjugés religieux contre lesquels je voyais, en deux membres, un penchant à l'intolérance et à la persécution ; penchant d'autant plus impolitique que le peuple, surtout celui des campagnes, était extrêmement attaché à ses prêtres, et que ceux-ci pouvaient faire beaucoup de mal en abusant de l'influence qu'ils exerçaient sur lui. Ces deux membres n'étaient pas des hommes de mon choix, ils étaient de l'ancien directoire; l'un d'eux n'était resté dans le nouveau qu'à la demande du général, et encore par esprit de conciliation. A la tête des mécontens se fesait remarquer le général Lahoz. Un homme qui avait insulté le gouvernement français, qui accusait de scélératesse les auteurs d'une réforme désormais approuvée par une immense majorité, qui cherchait à fomenter de nouveaux troubles, ne pouvait rester général des troupes cisalpines sans compromettre à-la-fois la tranquillité de son pays, la dignité de son gouvernement, et les intérêts des deux républiques; je demandai sa destitution. Voilà le seul acte auquel se réduit ma terrible oppression contre ces patriotes *par excellence.* C'est ce même Lahoz, long-tems au service de l'Autriche, qui commande aujourd'hui 20,000 insurgés contre les français.

B 4.

L'assentiment donné par le peuple de Milan à l'opération qui venait d'être exécutée, fut imité par tous les départemens. Toutes ces commotions, tous ces soulevemens qu'on avait feint de craindre, s'étaient changés en acclamations et en tributs de reconnaissance envers la république française. Le citoyen Brunetti, membre de la police, me remit lui-même un rapport qu'il avait fait au directoire, les premiers jours complémentaires, et dans lequel il annonçait les heureux effets que produisaient déjà les changemens. Tout fesait espérer qu'il n'y aurait aucun danger à mettre le peuple en mouvement, pour présenter la nouvelle constitution à l'acceptation des assemblées primaires. A cette époque je reçus du directoire exécutif de France la lettre suivante, datée du 25 fructidor.

Le directoire exécutif, citoyen ambassadeur, croit qu'il est de la plus haute importance de faire confirmer, par les assemblées primaires de la république cisalpine, l'opération salutaire qui vient d'être commencée ; mais il a pensé que le général en chef devait, par sa position, être principalement chargé de cette affaire. Il compte, au surplus, que vous ferez tout ce qui dépendra de vous pour l'aider à remplir cet objet. Les preuves multipliées que vous avez données dans toutes les circonstances, répondent au directoire exécutif de celui que vous apporterez dans cette occasion pour l'accomplissement de l'ouvrage que vous venez de commencer par ses ordres.

Le président du directoire exécutif,

Signé TREILHARD.

J'allai voir le général Brune ; il me fit un accueil amical, même affectueux. Je lui parlai des intentions du directoire exécutif ; je lui offris mes services ; il remit cet entretien jusqu'après un voyage qu'il allait faire à Brescia et dans cette partie de la frontiere cisalpine. A son retour, il me témoigna autant d'indifférence que d'embarras au sujet de la convocation des assemblées primaires. Je ne crus pas devoir insister sur une affaire dont il était chargé particuliérement ; mais je vis avec peine qu'en toute occasion il traitât avec mépris trois des directeurs cisalpins, tandis qu'il affectait pour les deux autres la partialité la plus marquée.

Un trait cependant suffira pour faire juger et les uns et les autres.

Il était arrivé à Milan, au commencement de vendemiaire, un commissaire du directoire exécutif pour mettre de l'ordre dans les finances de l'armée d'Italie.

Un des objets de sa mission était de pourvoir aux moyens pécuniaires de commencer la campagne, dans le cas d'une rupture avec l'Autriche. Je le présentai au directoire cisalpin, auquel il eut bientôt à faire la demande d'un secours extraordinaire pour les besoins de l'armée. Comme ambassadeur de la république, mon intervention devint nécessaire ; je reclamai donc l'exécution de l'engagement pris par l'article VI du traité d'alliance, de fournir le supplément de dépenses indispensables en cas de guerre. La demande précisée par le commissaire fut de 12 millions, qu'il proposa de diviser ainsi : 4 millions en numéraire, et 8 millions en domaines nationaux.

Eh bien ! ce secours extraordinaire fut refusé par les deux membres et voté par les trois autres, d'après les raisonnemens énergiques et lumineux du citoyen Sopransi.

Ce sont pourtant ces trois là mêmes qui furent, quelques jours après, destitués par le général en chef, ainsi que presque tous les législateurs qui avaient délibéré sur le message relatif au secours extraordinaire. Je me hâte d'arriver à la fin de mon récit.

Depuis plus d'un mois que la réforme avait eu lieu, il régnait entre tous les pouvoirs l'harmonie la plus complette ; le peuple jouissait, dans une tranquillité absolue, de l'avantage d'un gouvernement sage et protecteur. Tout à coup quelques symptômes d'une fermentation sourde se manifestent parmi les hommes qui avaient fait éclater leur opposition. Ils ne dissimulaient déjà plus leurs espérances, lorsque la nouvelle de mon remplacement par le citoyen Fouché, de Nantes, leur donne un libre essor. Je l'avais apprise le 21 vendemiaire, le 22 mon successeur arrive. Fatigué d'un voyage précipité, il me demande quelques jours de repos. Je continue à exercer jusqu'au 27 les fonctions d'ambassadeur. Ce jour là, je lui remets tous les papiers de la légation. Ses instructions lui donnaient l'ordre de maintenir ce qu'avait fait son prédécesseur, et de s'opposer à toute espece d'innovation. Il s'était empressé de le déclarer, en ma présence, au ministre des relations extérieures, le citoyen Birago, et ensuite au président du directoire.

Dans la matinée du 28, j'apprends que cinquante-huit députés sont exclus des conseils par une simple notification du général en chef , et sont remplacés par ceux qui s'étaient opposés à la nouvelle constitution ; que deux directeurs ont été obligés de donner leur démission ; et qu'un troisieme , le citoyen Sopransi , l'a refusée , en contestant au général le droit de la lui demander. Les députés exclus vinrent auprès de moi réclamer la protection française : j'avais la veille cessé mes fonctions. Ils s'adresserént au citoyen Fouché , qui , tout surpris d'un coup d'autorité si imprévu , court chez le général Brune , et lui demande, d'après quelle autorisation il a fait ces changemens. Le général lui présente une lettre du directoire exécutif ; le citoyen Fouché lui fait observer , que cette lettre est en contradiction avec les instructions qui lui ont été données postérieurement , et qui lui enjoignent de tout conserver. Les représentations du nouvel ambassadeur sont vaines ; d'ailleurs le coup était porté. Un courier extraordinaire fut expédié le soir même pour Paris , et j'écrivis au directoire exécutif ; je lui parlai un langage audacieux peut-être , mais que je crus le dernier devoir de ma douloureuse et pénible mission.

Il est à remarquer que les mêmes hommes qui s'étaient , le 13 fructidor précédent , fait tant de scrupule d'accepter la constitution que je leur offrais , la recevaient le 28 vendémiaire des mains du général , sans autre altération que la faculté de la réviser dans trois ans , et le droit de voter dans les assemblées primaires accordé à tout individu âgé de dix-sept ans , et résidant depuis deux années sur le territoire de la Cisalpine. Comment cette constitution était-elle à la premiere époque une atteinte portée à leur indépendance, une violation de leur serment ? Comment à la seconde avait-elle cessé de l'être ? Un seul cisalpin se montra conséquent dans sa conduite. La justice que je lui rends est d'autant plus franche qu'il s'était violemment déchaîné contre moi ; mais après avoir blâmé mon opération, il eut le courage de refuser la place que le général lui avait donnée dans le corps législatif, attendu qu'il n'aimait pas mieux cette constitution présentée par le géneral Brune, que par le citoyen Trouvé. Ce cisalpin, je le nomme, c'était le citoyen *Reina.*

Il n'est pas de mon sujet de m'étendre sur les suites de l'étrange voie de fait qui venait d'avoir lieu, de peindre toutes les classes de citoyens, propriétaires, agriculteurs, artisans, se regardant de nouveau comme un peuple conquis, livré à la fureur des plus extravagans démagogues, et plongé dans la terreur et la consternation ; le directeur Sopransi, après deux refus de sa démission, arraché du palais national par la gendarmerie, protestant par écrit contre cette violence, sortant escorté de ses nombreux amis, et venant me demander un asyle que je m'honorerai toute ma vie de lui avoir donné ; les atteliers de sédition rouverts, la licence la plus effrénée rendue aux journaux, les libelles les plus virulens se succédant avec rapidité ; le scandale d'une seule prétendue assemblée primaire de mille à douze cents personnes dans une ville de cent soixante-quinze mille habitans ; les formalités constitutionnelles écartées, les factieux même divisés entre eux, aigrissant un peuple encore superstitieux, en insultant aux objets de son culte ; le commandant de la place obligé de dissoudre cette assemblée par la force ; les procès-verbaux déchirés, dispersés, brûlés par une foule indignée ; et malgré tout cela , le directoire cisalpin proclamant , comme résultat légal de ce tumulte , l'acceptation de la constitution ; des législateurs en démence fesant les propositions les plus destructives des fortunes particulieres , et conséquemment de la fortune publique ; l'un demandant que le *maximum* des revenus soit fixé à trente mille francs ; un autre disant en pleine séance , à l'occasion du plan de finances du citoyen Faypoult :

» Qu'avons - nous besoin de tous ces plans de » finances ? Donnez-moi trente dragons, et je vous » répond de remplir le trésor public. » Aussi les effets de la Cisalpine qui , après l'opération du 13 fructidor , ne perdaient que 9 pour 100 , perdirent 48 depuis celle du 28 vendémiaire.

Je m'arrête : le récit des faits qui ont encore suivi n'appartient pas à ma justification. J'ai développé avec candeur tous ceux qui me concernent ; j'ai prouvé que je n'avais pas plus provoqué que prévu les instructions du directoire exécutif ; mais qu'en les recevant, au lieu d'y découvrir une secrette conspiration qui s'essayait dans la Cisalpine pour revenir de-là contre la république française, je n'y ai vu que des intentions paternelles , bienfesantes, commandées par les circonstances, que le projet d'améliorer la situation d'un peuple ami , de l'arracher à la désorganisation dans laquelle il tombait

tous les jours. J'ai prouvé que, loin d'agir par ma
propre impulsion, j'ai consulté de nouveau le directoire, lorsqu'une opposition a éclaté, et que le général Brune lui-même a entendu à Paris les raisons
qui fesaient persister le gouvernement dans sa premiere détermination, et a reçu l'ordre d'en seconder
l'accomplissement. J'ai prouvé que toutes les vio-
lences, les persécutions, les désarmemens, les
emprisonnemens, les proscriptions, les listes de
déportation, qn'on invente aujourd'hui pour m'en
faire des crimes, sont autant de mensonges. Sans
doute, j'ai pu me tromper sur l'emploi des moyens,
j'ai pu commettre des erreurs dans le choix des
personnes ; mais jamais je n'ai été guidé dans toutes
mes actions que par la droiture la plus vraie, que
par le desir le plus désintéressé de contribuer à la
prospérité de la république cisalpine. Je l'avouerai,
en osant exécuter une réforme dont je ne me serais
jamais chargé si elle ne m'avait point paru d'une
nécessité indispensable, je mettais quelqu'ambition à
pouvoir laisser de moi, au milieu de ce peuple, un
souvenir d'estime, d'attachement, de reconnaissance
peut-être noble ! Ah ! s'il ne m'a pas été permis d'atteindre ce but, si je n'ai pas fait le bien que je voyais
possible, facile même, est-ce à moi qu'il faut s'en
prendre ? est-ce moi qu'il faut accuser des malheurs
de l'Italie ? est-ce à ma conduite qu'il faut attribuer
la haine que les peuples ont conçue, ont marquée
contre nous ? Non, ce n'est point mon opération
qui a mécontenté, aigri, soulevé les habitans pai-
sibles ; elle était toute à leur avantage. Non, ce ne
sont point mes concussions, mes dilapidations, mon

faste qui nous ont attiré tant d'ennemis. Je puis bien abandonner ma réputation politique : ce n'est pas un grand sacrifice ; mais, jamais, jamais, je ne sacrifierai mon honneur, ma probité. Je suis revenu de trois missions aussi pauvre que j'étais parti ; mes mains sont restées pures, et c'est une preuve contre l'intrigue et la trahison. J'interpelle à cet égard, non pas les fonctionnaires publics qui ont partagé ou approuvé mes travaux, non pas les hommes qui m'ont accordé quelqu'amitié ; non, c'est vous que j'interpelle, vous tous cisalpins réfugiés, quels que soient vos sentimens, vos principes, vos opinions ; si vous connaissez un fait, un seul fait qui puisse ternir la plus scrupuleuse intégrité, parlez : je défie mes ennemis mêmes d'en prouver un seul qui soit contraire aux lois de la plus sévere probité. — J'avais, dites-vous, pour secrétaire un émigré, un ex-marquis. — J'ai vu les papiers du cit. Latourette ; ils étaient en regle, et ne parlaient point de ses titres. — Il avait reçu de la reine de Naples une somme très-forte pour m'avoir aidé à changer la constitution cisalpine.

Si cela était, la reine de Naples aurait bien mal employé son argent ; car jamais homme n'eut moins d'influence sur mon opération que Latourette. Mais cette imputation est aussi fausse que les autres. Oui, Latourette avait reçu de l'argent de la cour de Naples, et cet argent, c'est à mes soins qu'il en fut redevable. J'étais chargé d'affaires à Naples, Latourette y vint réclamer contre la prise d'un bâtiment armé par lui, et enlevé par un corsaire anglais en violation de la neutralité. Cette réclamation avait été déjà vivement recommandée par le citoyen Ch. Lacroix, ministre des relations extérieures, et par le consul Belleville. Ce fut à force d'instances de ma part que M. de Gallo, à qui chaque jour je reprochais les nombreux griefs de la république contre sa cour, fit enfin payer douze mille francs à Latourette, quelque tems avant mon départ de cette résidence.

J'avais, ajoutez-vous, pour ami le plus intime, à Milan, le chevalier Micheroux, ministre de Naples. Si cela était vrai, j'en conviendrais, car après la lâcheté de trahir un ami, la plus grande est de le renier. M. Micheroux n'était point le mien : je n'ai jamais eu avec lui d'autres rapports que les égards d'usage entre des agens diplomatiques; mais je n'ai point, comme vous le prétendez, passé la nuit avec lui à l'arrivée du citoyen Fouché; mais la guerre n'était point déclarée à la cour de Naples : elle ne le fut que deux mois après mon rappel; mais, quand j'aurais été assez perfide pour accorder une protection à son ministre, M. Micheroux n'aurait pas été sans doute assez insensé pour faire cas de la protection d'un fonctionnaire rappelé, qui par conséquent ne pouvait plus protéger personne. Faut-il invoquer ici le témoignage des citoyens Garat, Lacombe-Saint-Michel, Lacheze et Syeyes, qui tous ont été à Naples après moi ? Qu'ils déclarent si la réputation que j'ai acquise dans ce pays, tant auprès de la cour qu'auprès des amis de la liberté, suppose les possibilités de me laisser corrompre à Milan par cette même cour pour une opération absolument étrangere ; que dis-je ? absolument con-

traire

traire à ses intérêts. Si, par ma conduite dans la Cisalpine, j'avais si bien préparé les succès de l'Autriche
dans une guerre recommencée seulement six mois
après, pourquoi les autrichiens ne m'ont-ils donc
pas mieux témoigné leur reconnaissance ? pourquoi,
lorsque je me rendais en Allemagne, m'ont-ils refusé
un passage par le Tyrol ? pourquoi l'archiduc
Charles a-t-il envoyé trois régimens de cavalerie
autour de Stuttgard pour forcer le duc de Wur-
temberg à me déclarer que je ne pouvais plus rester
auprès de lui en qualité de ministre de la république ?
pourquoi n'ai-je eu que vingt-quatre heures pour
sortir de ce territoire, accompagné d'un officier
autrichien qui m'a conduit jusqu'aux portes de
Rastadt, huit jours avant l'assassinat de nos ministres ?
Fallait-il aussi que je fusse assassiné par les poignards
de l'Autriche, pour n'être pas soupçonné d'avoir
trahi, en sa faveur, ma patrie, mon devoir et la
cause de la liberté ?

Mais non, ce que j'ai fait dans la Cisalpine n'est
qu'un prétexte à la haine de ceux qui me pour-
suivent ; ils savent bien que j'ai agi de bonne-foi,
que je n'ai fait de mal à personne, que je n'ai
persécuté, opprimé, humilié, volé personne ; ils ne
peuvent se dissimuler que j'ai droit à l'estime de
tous les hommes de bien. Ah ! mon plus grand
crime à leurs yeux, est de m'être constamment
montré l'ennemi des héritiers de Robespierre ; d'avoir
sans relâche combattu, de mes faibles moyens, les
efforts qu'ils fesaient pour se ressaisir de cette san-
glante succession. Apôtres de ses féroces maximes,
vous, qui en commettant, au nom de la liberté,

les forfaits les plus exécrables, avez rendu la liberté odieuse aux autres nations ; vous qui ne respirez que le meurtre et le pillage ; qui brûlez de massacrer encore la moitié de la France, pour faciliter, par le désespoir, à nos ennemis, la conquête et peut-être la destruction de l'autre moitié : vous aurez beau inventer ou répéter vos calomnies absurdes, vous ne m'ôterez pas les titres que je crois avoir à l'intérêt de ma patrie ; vous ne m'empêcherez pas d'avoir lutté avec courage contre toutes les factions ennemies de la république ; d'avoir obtenu , sans les demander, des places que j'ai su quitter ou remplir avec un égal dévouement; vous ne m'empêcherez pas enfin de m'honorer de l'amitié d'un homme, que ses vertus personnelles, son irréprochable intégrité , sa constance inébranlable mettront toujours au rang des plus illustres fondateurs, des plus estimables magistrats de la république française ! Les liens qui m'attachent à lui n'ont pas besoin d'être des liens du sang pour être sacrés, indissolubles. Oui, tant que je vivrai, je serai fier d'avoir été cru digne d'être un des amis du citoyen Révellière - Lépeaux.

Le 25 thermidor an

De l'imprimerie du citoyen H. AGASSE, rue des Poitevins, n° 13.

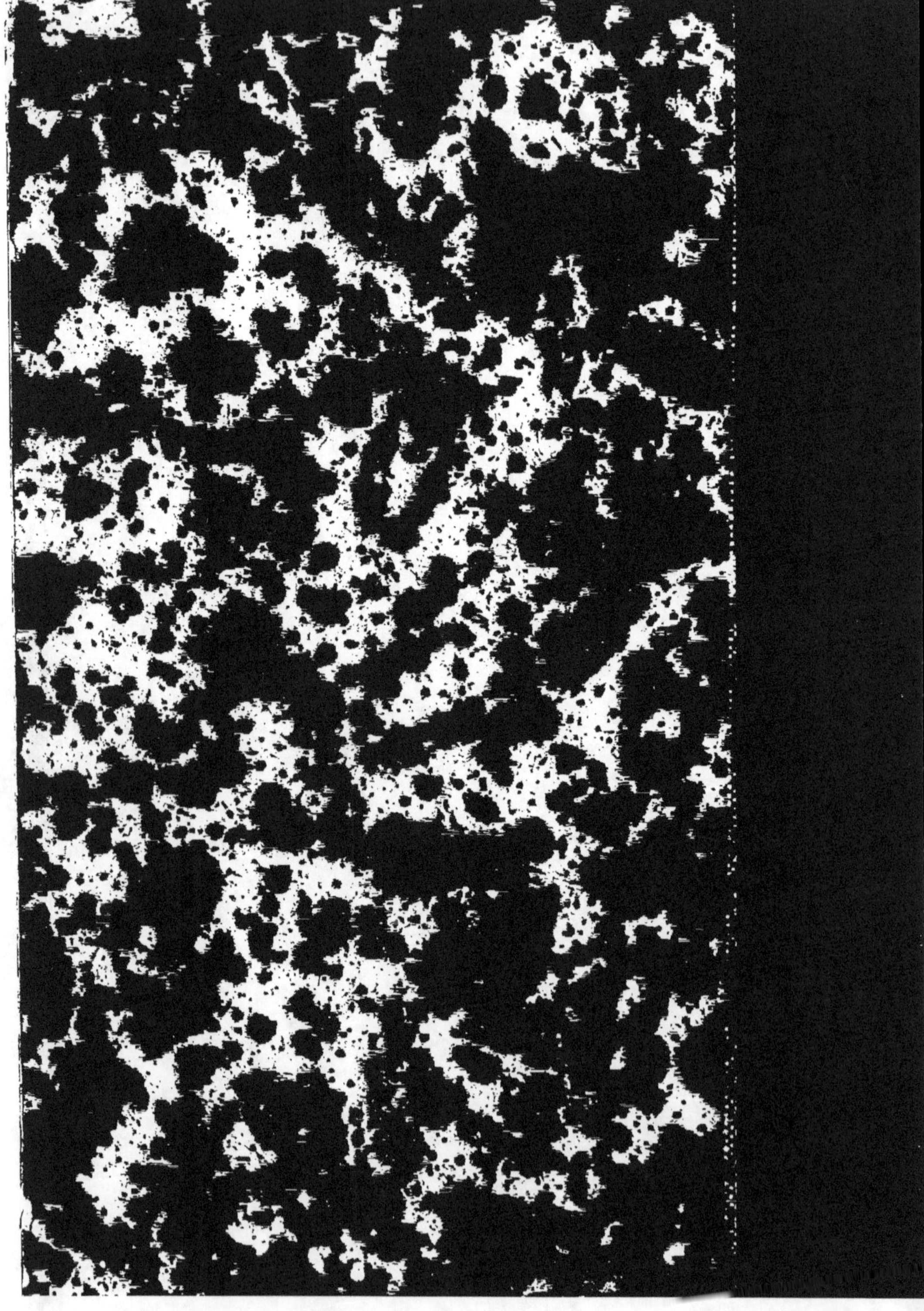

www.ingramcontent.com/pod-product-compliance
Lightning Source LLC
Chambersburg PA
CBHW061119050726
47594CB00005B/2004